Danke
—— für ——
jeden Tag

BRUNNEN VERLAG · GIESSEN/BASEL

All Morgen ist ganz frisch und neu
des Herren Gnad und große Treu;
sie hat kein End den langen Tag.
Drauf jeder sich verlassen mag.

Johannes Zwick

Jeden Morgen soll die Schale
unseres Lebens hingehalten werden,
um aufzunehmen, zu tragen
und zurückzugeben.

Dag Hammarskjöld

Herr meiner Stunden und meiner Jahre,
du hast mir viel Zeit gegeben.
Sie liegt hinter mir
und sie liegt vor mir.
Sie war mein und wird mein,
und ich habe sie von dir.
Ich danke dir für jeden Schlag der Uhr
und für jeden Morgen, den ich sehe.

Ich bitte dich nicht, mir mehr Zeit zu geben.
Ich bitte dich aber um viel Gelassenheit,
jede Stunde zu füllen.

Ich bitte dich um Sorgfalt,
daß ich meine Zeit nicht töte,
nicht vertreibe, nicht verderbe.
Jede Stunde ist ein Streifen Land.
Ich möchte ihn aufreißen mit dem Pflug,
ich möchte Liebe hineinwerfen,
Gedanken und Gespräche,
damit Frucht wächst.
Segne du meinen Tag.

Jörg Zink

VR

18 **97**

THIS CLOCK WAS PRESENTED
TO THE CITY BY
EDWARD EVANS-LLOYD
CITIZEN & FREEMAN.1897

Das Haus bewohnen wir bis auf weiteres.
Es gehört uns nicht.
Dennoch freuen wir uns, gehen ein und aus,
haben es eingerichtet, sagen Zuhause.
Im Garten gehört uns keine Handvoll Erde.
Aber wir säen Rasen, pflanzen Sträucher und Bäume,
sonnen uns auf der Terrasse
oder feiern mit Freunden bis in die Nacht.
Wir wissen nicht, wie lange
und unter welchen Umständen
wir leben werden.
Dennoch planen und sorgen wir,
dennoch ziehen wir Kinder auf,
rechnen mit morgen und übermorgen,
hoffen auf Jahre.
Aus Vertrauen.

Detlev Block

Lobe den Herrn, meine Seele,
und vergiß nicht, was er dir Gutes getan hat!

Psalm 103,2

Dietrich Bonhoeffer schrieb in einem Brief aus der
Gefangenschaft im September 1943: »Aber jedenfalls lernt
man in solchen Zeiten, dankbar werden, und wird das
hoffentlich nicht wieder vergessen. Im normalen Leben wird
es einem oft gar nicht bewußt, daß der Mensch überhaupt
unendlich mehr empfängt, als er gibt, und daß Dankbarkeit
das Leben erst reich macht.«
Das ist unsere Not, daß wir oft gedankenlos leben. Dadurch
wird unser Leben oberflächlich. Es verliert seinen Tiefgang.
Ist das denn so selbstverständlich,
daß wir gesund sind,
daß wir Arbeit haben,
daß uns eine glückliche Ehe und Familie geschenkt ist,
daß wir gut leben können?
Muß uns denn erst alles aus der Hand geschlagen werden,
was wir als selbstverständlich nehmen, bis wir begreifen,
daß nichts, aber auch gar nichts selbstverständlich ist?

Wer denkt, nachdenkt über sein Leben,
müßte doch zu fragen anfangen:
Warum geht es mir so gut?
Womit habe ich das eigentlich verdient?
Wem habe ich das alles zu verdanken?
Bin ich denn wirklich meines eigenen Glückes Schmied?
Das kann doch wohl nicht sein,
sonst wären doch alle Menschen glücklich.
Wer wollte denn schon unglücklich sein?
Aber es gibt doch so entsetzlich viel Unglück in der Welt.
Könnte es nicht morgen auch mich treffen –
ungefragt und ungewollt?
Vielleicht brauchen wir dunkle Zeiten,
um wieder über uns nachzudenken
und erlöst zu werden von unserer Gedankenlosigkeit.
In »normalen« Zeiten wird vieles gar nicht registriert.
Da wird vieles einfach so mitgenommen.
Da wird vergessen,
»daß Dankbarkeit das Leben erst reich macht«.
Es ist schon so:
Wer denkt, dankt.

Kurt Heimbucher

Der Mensch soll seine Arbeit
einfach und nüchtern tun.
Er soll dabei der bleiben, der er ist,
und soll Gott in sich hereinnehmen
und oft vor ihm gegenwärtig sein,
innig und gesammelt.
Und so lerne er Gott in das Werk tragen.

Johannes Tauler

Es ist viel schwerer, einen Tag von Anfang bis Ende
in voller Aufmerksamkeit durchzuhalten
als ein Jahr in großen Absichten
und hochfliegenden Plänen.

Christian Morgenstern

Mein Mund soll verkündigen deine Gerechtigkeit,
täglich deine Wohltaten, die ich nicht zählen kann.
Meine Lippen und meine Seele, die du erlöst hast,
sollen fröhlich sein und dir lobsingen.

Psalm 71,15.23

Gott hat unser Herz und Mut fröhlich gemacht
durch seinen lieben Sohn,
welchen er für uns gegeben hat zur Erlösung
von Sünden, Tod und Teufel.
Wer solches mit Ernst glaubet,
der kann's nicht lassen,
er muß fröhlich und mit Lust davon singen
und sagen, daß es andere auch hören
und herzukommen.

Martin Luther

Es war ein kleiner Tag,
nicht einer von den großen, die man mag,
die man sich im Kalender rot markiert
und sich notiert.
Es war dafür ein kleiner Tag mit dir.

Kein großes Los, kein Jubelschrei,
nichts in der Post als das vertraute Einerlei.
Kein Ehrentag, kein lautes Fest,
an dem man Freude schenkt und sich beschenken läßt.

Es war ein kleiner Tag,
an dem man anzieht, was man gerade mag,
sich nicht mit Samt und Seide ausstaffiert,
sich kostümiert.
Es war dafür ein kleiner Tag mit dir.

Kein Endspurt auf ein großes Ziel;
kein Schlußstrich unter ein Problem, kein Hochgefühl.
Ich hab kein Lied fertiggekriegt,
hab dich noch nicht einmal beim Fang-den-Hut besiegt.

Es war ein kleiner Tag,
so wie ihn Gott uns oft noch schenken mag.
Der uns auf Gipfel führt, geht jedesmal
auch mit ins Tal.
Heut war er hier an diesem Tag mit dir.

Manfred Siebald

© der englischen Ausgabe:
1990 Creative Publishing, Bath

Fotos:
S. 3, 5, 7, 11, 13: Creative Publishing
S. 15: Martin Künkler
Umschlagfoto: Willi Rauch
Quellenhinweise:
S.   4: Jörg Zink, Wie wir beten können, Kreuz Verlag, Stuttgart
        1970
S.   6: Detlev Block, Anhaltspunkte, Delp Verlag, München 1982
S. 8/9: Kurt Heimbucher, Dafür will ich dir danken, Brunnen
        Verlag Gießen 1988
S. 14: Manfred Siebald; Rechte: Hänssler Verlag, Neuhausen-
        Stuttgart
Redaktion: Eva-Maria Busch

© der deutschen Ausgabe:
1990 Brunnen Verlag Gießen
Satz: Uhl + Massopust, Aalen
ISBN 3-7655-5386-7